La collection **HôTEL CENTRAL**
est dirigée par Christine Germain

Personne ne sait
que je t'aime

Planète rebelle
Fondée en 1997 par André Lemelin,
dirigée par Marie-Fleurette Beaudoin depuis 2002
6742, rue Saint-Denis, Montréal (Québec) H2S 2S2 CANADA
Téléphone: (514) 278-7375 – Télécopieur: (514) 278-8292
Adresse électronique: info@planeterebelle.qc.ca
Site Web: www.planeterebelle.qc.ca

En couverture: photographies des mains de Nathalie Derome et Gaétan Nadeau,
tirées de l'œuvre vidéographique présentée lors du spectacle *Zap! le réel*
Révision: Janou Gagnon
Correction: Corinne de Vailly
Correction d'épreuves: Diane Trudeau
Conception de la page couverture: Tanya Johnston Art + Design
Mise en pages: Tanya Johnston Art + Design
Impression: Imprimerie Gauvin ltée

Les éditions Planète rebelle bénéficient des programmes d'aide à la publication
du Conseil des Arts du Canada (CAC), de la Société de développement des
entreprises culturelles du Québec (SODEC) et du «Gouvernement du Québec –
Programme de crédit d'impôt pour l'édition de livres – Gestion SODEC».
Planète rebelle remercie également le ministère du Patrimoine canadien
du soutien financier octroyé par son
«Programme d'aide au développement de l'industrie de l'édition (PADIÉ)».

Distribution en librairie:
Diffusion Prologue, 1650, boul. Lionel-Bertrand
Boisbriand (Québec) J7H 1N7
Téléphone: (450) 434-0306 – Télécopieur: (450) 434-2627
Adresse électronique: prologue@prologue.ca
Site Web: www.prologue.ca

Distribution en France:
Librairie du Québec à Paris, 30, rue Gay-Lussac, 75005 Paris
Téléphone: 01 43 54 49 02 – Télécopieur: 01 43 54 39 15
Adresse électronique: liquebec@noos.fr

Dépôt légal: 1er trimestre 2006
Bibliothèque nationale du Québec
Bibliothèque nationale du Canada
ISBN: 2-922528-56-1

José Acquelin et Martine Audet

Personne ne sait que je t'aime

Musiques originales – Michel F. Côté

Planète rebelle
COLLECTION HôTEL CENTRAL

Repère bibliographique: certains poèmes de Martine Audet et José Acquelin du recueil *Personne ne sait que je t'aime* ont été publiés dans *Exit revue de poésie*, n° 39, Éditions Gaz Moutarde, p. 34 à 44, 2005.

AVANT-PROPOS

La proposition est simple : imaginons que deux poètes se sont croisés dans une ou plusieurs chambres de l'Hôtel Central, lieu virtuel d'une écriture à deux têtes. Qu'ont-ils laissé sur la table, sous le lit, entre les draps, dans le reflet du miroir de la salle de bains ? La trace des mots qu'a inspirés cette chambre anonyme ? Impressions sur les murs, invisibles musiques, souvenirs d'un état, d'un changement, d'une façon d'être ?

Depuis longtemps ce désir de lier les paroles, les voix, l'écriture. Comme ce fruit qu'on ouvre : deux parts égales partageant le même cœur. Cette nécessité d'un dialogue dans l'écrit, d'un appel à la liberté : comme un deuxième chez-soi.

J'aime ce mystère, cette contemplation, la parole solaire de José Acquelin.

J'aime cette parole ciselée, délicate, si intime de Martine Audet.

Ce besoin d'une rencontre dans leurs voix si particulières. À leur rythme, ce livre a pris forme : parcours d'un hommage à l'amour des mots, à l'amour de l'Autre.

La parole est par nature une musique, le lien entre poètes et musiciens est réel. C'est pourquoi l'invitation d'un interlocuteur-compositeur donne toute sa raison d'être à cette collection, en établissant encore une fois un nouveau dialogue.

J'aime l'esprit inventif, la présence juste, la profonde liberté de Michel F. Côté.

La collection « Hôtel Central » se veut le lieu d'une rencontre inusitée entre poésie et musique : une invitation à explorer les mots d'un lieu imaginaire.

Christine Germain

RÉCEPTION

Au début j'y reviens toujours
le cœur n'est pas seulement
une mise en boîte de l'horloge

ceux qui nous font sont faits par le feu
qui éclaire plus loin que le cendrier
nous attendant à la sortie du corps

vois ce satellite qui file entre les étoiles
éclairé par un autre qu'on ne voit pas
à l'ombre de la paupière de la terre

ceux qui n'ont pas vu s'élever la luzerne et la buse
ne se doutent pas du pouvoir d'une colline
à révéler notre état d'escargot

il faut se nourrir de bien des crépuscules
pour entendre le chant des sables
dans le désert croissant en soi

plus la mort m'infantilise
plus j'aspire à une vérité aussi simple
que la nudité des choses se déshabillant d'elles-mêmes

je persiste avec cette douce lubie :
la vie est un miroir que l'on vide de ses illusions
comme des fois l'on boit avec nos amis

pour mieux se reconnaître
par refus du sommeil
pour jouir du vin du sang

pour l'électricité des cerveaux
qui jonglent entre eux librement
pour faire un lien des sens à un sens

je ne peux plus m'intéresser aux guerres
quand je sens que je dois faire la paix
avec mon invisibilité à venir

mais pour ça je ne sais pas quoi faire
est-ce par orgueil ou par confiance
de ce que je ne connais pas

que je crois parfois tenir au bout d'un vers
d'un rire partagé d'un éclair labial
ou de quelques larmes désaltérantes ?

je reste cet enfant qui demande :
pourquoi des feuilles tombent par en haut
quand je m'approche d'un arbre ?

je suis un des amants de la fragilité
je suis un des élèves de la disparition
je suis une télécopie du sans-distance

je donne suite au tout de suite
avec ce mirage que demain
ne puisse être hier

et je repars dans des champs de siècles
écumant la prison des esprits
une cigale à l'âme

« L'impossibilité est la porte vers le surnaturel.
On ne peut qu'y frapper. C'est un autre qui ouvre. »

Simone Weil

José
février 2005

Chambre 2

le feu sous les paupières
le trop vif de l'instant

tu entres avec un peu d'oubli

l'heure est derrière
je ne sais plus

est devant
qui
il faut vivre

à la manière d'une vérité
ou d'un poème

pour que tu sois

Martine
février 2005

CHAMBRE 3

à deux mains
la bouche
et
sur le mur
tes ombres lentes

la nuit bientôt est une odeur
un vent si large sur la page

immensité
je reviens sur tes pas

le plus clair des mots
reste dans la chambre

«des mots
pour inventer l'espace»
Jean-Louis Giovannoni

Martine
février 2005

CHAMBRE 4

dis-moi
est-ce que le plus clair des mots
s'entend dans les paroles?

la bouche est une chambre
un vestibule aussi
où le marché du dire
s'interloque

que permettent les codes
si l'on se protège avec des clés?
le corps est un hôtel
pas si familier que ça

c'est parce que je t'aime
que je peux te dire ceci :
le désir est d'abord
la joie de se défenestrer

la chandelle dépasse le jeu par le feu
la première menace vient de soi

admire l'échelle extérieure
descends l'escalier intérieur

pourquoi le vivant ne cesse
de désobéir au vivant ?

chaque survivant est à double sens

« Je suis tombée en bas de la nuit »
Maricke Sévigny (4 ans)

José
février 2005

CHAMBRE 5

tu passes des doigts de douceur

valises d'air
longs manteaux

c'est parce que tu dis : je t'aime
que l'amour est la vie même
est cette bouche offerte
à la brûlure des soies

et il te vient des yeux légers
des larmes
qu'on ne voit pas

Martine
février 2005

CHAMBRE 6

j'aime le calme du matin
où l'on sait que l'on va
mourir le soir

en accord avec un don de lumière
qui traverse les larmes
jusqu'à l'hippocampe du cœur
dans le corail des villes

voir est une respiration
qui rend l'âme
au rêve
qui s'en reconnaît le passeur ?

il y a aussi des images
à l'aube ou au crépuscule du sommeil
qui nous empêchent de dormir

mais il est des visions
qui tatouent l'envers de nos paupières
pour que se suspende le nuage du corps
au pied de l'air du temps

et ta main a appris à dire non
aux ventilateurs des réalistes

« La perfection est de ce monde
quand on ne peut plus rien lui ôter
ou rajouter de soi. »

Xosé del Barrio del Cielo

José
février 2005

CHAMBRE 7

plongée de l'aube
sous ta nuque

blanc parfum des oiseaux

tu sais qu'il te faut
ouvrir les yeux

qu'un seul trait du soleil
fait en toi
danser les cendres

mais le cœur est calme
dans cette chambre

et naître mourir
tout ce qui rêve
prend des leçons

« Deux mondes – et moi je viens de l'autre. »
Christina Campo

Martine
mars 2005

Chambre 8

la neige s'approche à pas de nuage
la nuit pourrait-elle faire sans blanc

j'apprends la loi dont tu es l'instant
j'apprends l'instant dont tu es la loi

on est toujours un peu à côté
du lit de la table de la chaise

on ne peut vouloir la justesse
l'idéal tolère mal les à-peu-près

nous ne savons pas cadrer dans
l'origine l'instinct l'obéissance

il y a beaucoup de discipline dans le cirque
la guerre est le nerf de la vie

et je suis aussi flou que l'eau
qui parfois reflète le ciel

« Faut pas se laisser avoir par la faiblesse »
Alvina Lévesque

José
mars 2005

CHAMBRE 9

le ciel
par la fenêtre
est une aile
qui faiblit

l'eau
son devenir
de transparence

tu glisses un peu plus loin
dans la mort

dans les dehors d'une parole
qu'éclaire encore le cœur

tes yeux
avec mes mains
restent de nuit

Martine
mars 2005

CHAMBRE 10

le jour n'est pas encore
découvert de la nuit

quelques baisers se réverbèrent
dans une lumière jamais inquiétée
par les jalousies à venir

ceux qui pointent du doigt
n'ont pas de pouvoir ou
ont peur de le perdre

le rire de la liberté n'est pas nerveux
c'est un papillon profond qui s'élève

« montrez-moi pour une seconde
l'opinion des roses »

Julie Roy

José
mars 2005

CHAMBRE 10
deuxième nuit

des lumières des vivants
d'autres corps embrassent

tu n'as rien refusé
de la clameur des abîmes

des cris tendus
dans l'arche
du cœur

mais cela passe

et la nuit passe aussi

> À qui parlons-nous lorsque nous nous taisons ?
> [citation de mémoire]
>
> T. Vesaas

Martine
mars 2005

CHAMBRE 11

pour se laisser regarder par le soleil
tu prends le temps d'observer le vent
lire les feuilles d'un livre oublié
là en bas dans la rue de tes pas

et quand tu redescendras calmement
dans les classements de tes jours
tu te rediras que les yeux sont des bagues
données aux doigts des choses

qui nous tiennent en pluie
et que s'il y a quelque chose
qui n'est pas poétique
c'est bien le rêve

comme le disait un poète
qui venait de l'avenir
pour mieux troquer son pouvoir
contre un peu plus de cœur

« Celle qui est tendrement nouée par les choses de l'âme »

G. Schehadé

José
mars 2005

CHAMBRE 12

tu entres sans frapper
de la lumière
à la main

l'ombre trace sa première fenêtre

quelques feuilles
d'oiseaux calmes

est-il beauté que l'instant
n'enseigne ?

la chambre est un arrêt du cœur

Martine
avril 2005

CHAMBRE 14

la lumière écrit
le livre d'un oiseau
qui traverse les yeux
sans crier phare

l'écorce est là fidèle
laissant la sève
à ses destinations inconnues

je soulève la peau du quidam
que je prends pour mon libre-arbitre
le fond de l'univers est encore ici
plus discret que ce que je comprends

tu m'en dis plus long
avant même d'avoir entrouvert
les lèvres

« La beauté n'est pas un but, mais un chemin vers les choses...
une atmosphère pour nous immobiliser
devant une réalité dont elle se dégage. »

Joë Bousquet

José
avril 2005

CHAMBRE 15

sous la lampe
le temps oscille

tu lances des lignes de nuit

il y a là mille copies du monde
la rumeur des miroirs
les doigts qui s'épuisent

écrire fait plus de silence
à aimer

il n'est toujours pas question
de dormir

« De pays en pays, nous suivons le printemps. »
Charles Guilbert

Martine
avril 2005

CHAMBRE 16

il y a des moments qui dépassent la mémoire
ils sont inépuisables de douleur sentie
ils débordent d'extase inconnue
ce sont les vertèbres temporelles d'un être
mis face à ses limites de charnière
qui tout à coup se retrouve expulsé
de ses os de ses jouets de ses mots
le jour devient alors un drôle de lampadaire
qui éclaire les milliards d'endormis
l'être ne se sent plus concerné par
ce que lui donnent ses yeux
le proche est trop petit
il n'y a pas de loin
rien ne vaut la peine de tout
ce n'est pas de la dérision
ce n'est pas de la déréliction
c'est une déréalisation
un déréellement de la réalité
un réel plus réel que tous les réels

c'est l'être aspiré hors de sa mare
c'est comme si toutes les étoiles se rapprochaient
étaient avalées par un trou de lumière
plus lumineux qu'elles
on ne peut parler de cela
sans passer pour illuminé
mais on ne peut revenir non plus
au trottoir des rumeurs obligées
aucune maison de possible
seulement cette chambre nomade du corps
qui acceptera de marcher encore un peu
jusqu'à la résolution de l'éternité
déjà là
voilà
le temps n'est pas ponctuel

« Now it's time to relaunch the dream's weapon »

COIL

José
avril 2005

CHAMBRE 17

tu ne connais pas cette ville
ni les yeux
qui te regardent

tu frôles certains baisers

rue après rue
est-ce mot?
pensée d'arbre ou d'abandon?
l'éclair favorable

tu fais un peu d'espace
pour ta voix

« J'en conviens, écrire n'a de sens
que pour s'appliquer à bien vivre. »

Nicole Brossard

Martine
avril 2005

CHAMBRE 18

il est vrai que parfois
la douceur des mots glisse
dans le ciel que tu ouvres
entre le zist des nuages
et le zeste du soleil

et quand le silence revient naturellement
qu'il nous dénude face au temps
nous restons les yeux vers les cieux
sans bouger ce qui nous touche
sans éteindre ce qui nous émeut

nous rentrons sans effort
par la bouche d'un cercle très ancien
dans cet espace sans écran
où les oiseaux sont des paroles de l'air
des mains libérées de leurs gestes

alors la mort se tait un peu
la conscience s'efface
les sirènes s'éloignent
les souffles s'unissent au seul vent
qui dilue la solitude des univers

dans le fleuve déjà arrivé à l'océan
ici même

« [...] Mais veut-elle dire quelque chose la lumière
si elle ne projette pas l'ombre de tes lèvres
sur les champs de ma chair ? »

iQi Balam

José
avril 2005

CHAMBRE 19

tu écartes le rideau tranquille

la lumière cible l'envers

et ce qu'il reste d'amour
un peu de sang
les veines

de nuage en nuage
tu es là
tu n'es pas là

tu laisses cet effort t'absorber
entièrement

Je m'en tiens à mes limites :
elles sont plus fécondes que ce qui les excède
[citation de mémoire]

Philippe Jaccottet

Martine
mai 2005

CHAMBRE 19
petite suite

chaise lit fenêtre

plus près de toi
l'absence

la roue cassée
d'une voix

ce que tu rêves est mal coupé
dis-tu

la faim
comme le froid
occupe déjà le cœur

Martine
mai 2005

CHAMBRE 20

c'est parce que tu m'aimes
que tu sais bien à l'avance
tout ce qui va m'emporter
à nouveau vers toi

ta puissance d'attention
perce les nuages ralentit les hâtes
vide les tiroirs de l'être sans bouger
donne à voir le pouvoir des yeux

tu me regardes allumer une cigarette
jusqu'à ce que je me consume
entièrement en toi

en ton sourire vertical

José
juin 2005

CHAMBRE 21
à la fenêtre

inventes-tu les musiques ?
des ciels d'une autre voix ?

Martine
juin 2005

CHAMBRE 21

parce que le vent ramène tes pas

tu écris : prenez-moi de splendeur
d'impureté

tu cherches en vain
ce qui n'est pas

personne ne cherche
autant ses mots

« où, mais où trouver un autre jour ? »

Adonis

Martine
juin 2005

CHAMBRE 22

je n'invente rien
la musique me crée
les ciels me parlent

le vent me remportera

je suis écrit par la lumière
la souillure et bien d'autres viscères

ce qui est me découvre

je ne projette rien
dans les nuages des mots
sauf quelques miettes de miroir
des lunettes de soleil

« Ce qu'on appelle le visible est toujours l'invisible violé. »

Alexandro Jodorowsky

José
juillet 2005

CHAMBRE 23

suspendus les entrailles
les froids du ciel

*est-il possible d'embrasser
tout le jour ?*

tu empruntes aux heures
leurs pas

rien fait soleil
de tes ombres

Martine
juillet 2005

CHAMBRE 23
deuxième nuit

tu ajustes le soir
qui flotte autour de toi
comme un vêtement trop grand

ou échanges trois mots
avec le vent

entends-tu qu'il faut faire
plus de lumière?

au fond d'un tiroir
un lent rosier
fleurit

« je passais – comme le temps »

Aïgui

Martine
juillet 2005

CHAMBRE 24

oui je cherche tes mots
pour m'écarter de la terre
faire lumière

faire taire les silences
nous voyageons dans la nuit
avec un jus de soleil
que nous mélangeons à nos larmes

la beauté embue nos vues
la vie emboîte le pas à l'oubli
pourquoi la sérénité
ne serait que passagère?

rien n'est faux
nous n'en voulons pas moins
tu y tiens tu le tiens
de tes lentes mains

« Avec tant de lenteur, viendrait le crépuscule
Qu'on croirait entrevoir l'infini qui recule... »

Éva Senécal

José
juillet 2005

CHAMBRE 25

une première fois
puis une suivante
tu te réveilles

tu disperses tes rêves

et cette terre promise
dont tu ne veux ni le vent
ni les roses

est-ce d'avoir vécu ?
d'avoir aimé ?
puis détesté l'amour ?

la nuit jusqu'au cœur
fend ses étoiles

la nuit reste claire
ton visage baigné

«Si tu t'arrêtes en chemin
ce n'est plus ton chemin
Si tu as atteint ton but
ce n'est pas ton but»

Anise Koltz

Martine
juillet 2005

CHAMBRE 25
deuxième nuit

souffle du nom

à chaque instant
le cœur ultime

le vide
autour de toi

sauf
une couleur

« Et la chambre
éblouit. »

Paul Chanel Malenfant

Martine
août 2005

BALCON DE LA CHAMBRE 26

luciole
sur fond de constellations
un avion clignote

> « Il faut être loin et près à la fois.
> La force remplace l'espace.
> Le regard est un toucher à distance.
> Il ne faut pas crever les yeux de l'espace. »
>
> Étienne Decroux

José
août 2005

CHAMBRE 26

une lampe attire l'œil
l'ouvre au hasard

dehors dedans
quel temps fait-il ?

et jusqu'au premier mur blanc
du matin

les mots ne disent rien

leur joie neuve
autour

> « Il est vrai qu'au seuil il y a
> un être qui regarde, un regard, le passeur
> donnant au jour avant qu'il entre
> sa teneur en âme »

Judith Chavanne

Martine
août 2005

CHAMBRE 27

pour toi pour moi
et même contre les autres
qui ne nous croient pas
il fera le temps que nous pourrons nous accorder

la mémoire est un champ de myosotis
tu en cueilles quelques-uns
que tu plonges tout de suite
dans le verre d'eau de l'avenir

et un peu avant l'aube
par politesse envers elle
tu éteins la lampe
pour mieux voir

le jour avancer

« Il s'agit toujours d'exprimer ce qu'on aime
et qu'on voudrait nous interdire d'exprimer. »

Aragon

José
août 2005

CHAMBRE 28

un déversement léger
des miroirs

des images de têtes
ou d'oiseaux

l'air ouvre grand la chambre

et sans savoir la forme
que prendra ton ombre

tu cours
tes cris étincellent

Martine
août 2005

CHAMBRE 29

combien de fois aurons-nous confié
nos yeux au ciel fluide
et ses algues blanches ?

est-ce parce que nous ne pouvons pas plus ?
est-ce pour s'alléger de notre poids
en ce monde sans fixité ?

tu n'appuies jamais
pourquoi insister ?

mais tu persévères
sans sévérité

aucun mot n'oubliant
la distance qui le sépare
de la question du silence

« je regarde d'en haut
le lien qui manque
à la terre
qui use son axe creux
[...]
la vie est une question si mince »

Monique Deland

José
août 2005

CHAMBRE 29
petite suite

le comment

le pourquoi

les pièces du jour éparpillées
dans un coin

derrière la porte
et tes fatigues

tu essaies d'entendre
ce qu'il y a de plus lent

comme cela

et

comme il pleut

Martine
août 2005

CHAMBRE 30

tu rassembles les corps
les souffles
en toi
l'espace
et *je me souviens maintenant*
ta voix s'allonge en traits de feu
dans cette chambre
où autrefois je regardais passer les morts
leurs ombres bien cousues
à l'intérieur

Martine
août 2005

Ascenseur vers la chambre 31

l'inconscient n'a pas de scénario
une image monte du plus profond

enfant solitaire secrète
sur une balançoire dans un parc
tu joins et étends tes jambes
pour te donner plus d'élan

un très court instant
tes pieds plus haut que ta tête
comme s'ils prenaient appui
sur le ciel

éclat du temps
avant le retour du pendule
où le cœur et le souffle
se suspendent

je choisissais souvent ce moment-là
premier défi à la gravité
pour m'éjecter dans le vide

quand mes pieds retouchaient le sol
mes poumons s'envolaient
en un rire clair

écho instantané
tu ris aussi
et tu me dis :

cherche-t-on autre chose ?

> « Ce soir je loge au temple du sommet ;
> Je tends la main, les étoiles s'arrêtent.
> À haute voix je n'ose point parler
> Les gens du ciel, j'ai peur qu'ils s'inquiètent. »
>
> Li Bai

José
août 2005

CHAMBRE 32

ce bleu double
du ciel à tes yeux
où les mots s'évanouissent
ouvre d'autres dimensions

plus rien n'est sûr
même mourir
on n'attend plus
que la marée haute

des étoiles

« Ne confonds pas le silence avec ce que je ne dis pas. »

Joël Pourbaix

José
septembre 2005

CHAMBRE 33

septembre du parfait amour
des chambres d'étoiles
les paupières

tu entends son bruit de source

le temps
le temps n'a plus sa mesure

et tandis que les oiseaux
en secondes
s'éteignent

nos très jeunes sommeils
feignent les commencements

« Ferme les yeux, laisse-toi descendre. Ce que tu embrasses
le temps finit par le reprendre. La terre, un jour, le déliera. »

René Lapierre

Martine
septembre 2005

CHAMBRE 33
deuxième nuit

aucune ville ne dort tout à fait
le dérailleur d'un vélo renâclant
le grésillement d'un lampadaire
la minuterie mystérieuse d'un oiseau
le soliloque déçu d'un noctambule
l'accélération rageuse d'un autre
les freins lointains d'un train
les amours clandestines des chats
le chuchotis ondoyant des arbres
le bruissement imperceptible des rêves
le gargouillis ravalé des insomnies
le soupir d'une étoile filante
la lune qui se ronge l'ongle
aucun univers ne sommeille
le silence d'une page
qui reçoit un poème
et le roulement de tes yeux
dans leur sommeil paradoxal
tout amour veille

« Le réalisme, ce n'est pas
comment sont les choses vraies,
c'est comment sont vraiment les choses. »

Miró

José
septembre 2005

CHAMBRE 33
troisième nuit

bien sûr la chambre a d'autres nuits
que tes nuits
d'autres noms
que ton nom

mais cherchant ce qui est vrai
aussi ce qui n'est pas

sommes-nous censés dire quelque chose
et la souffrance ?

tu as souvent ce geste

tu veilles
malgré le froid

« J'allais jusqu'au retournement. »

Louise Bouchard

Martine
septembre 2005

CHAMBRE 33
quatrième jour à l'aube

oui la vie a d'autres vies
que nos vies
d'autres corps
que nos corps

mais trouvant ce qui est frais
parmi ce qui est

nous avons parfois cette immobilité
de vieillir sans douter
de ce que nous avons été

José
septembre 2005

Achevé d'imprimer en février 2006
sur les presses de l'imprimerie Gauvin,
Gatineau, Québec